AF261955

FRÉDÉRIC SOULIÉ,

SA VIE ET SES OUVRAGES,

ORNÉ DE SON PORTRAIT

ET SUIVI DES DISCOURS PRONONCÉS SUR SA TOMBE
PAR MM. VICTOR HUGO, PAUL LACROIX ET ANTONY BÉRAUD,

PAR M. MAURICE CHAMPION.

Prix : 50 centimes.

PARIS,

MOQUET, LIBRAIRE-ÉDITEUR,

COUR DE ROHAN, 2

(PASSAGE DU COMMERCE).

1847.

FRÉDÉRIC SOULIÉ,

SA VIE ET SES OUVRAGES.

PARIS. — IMPRIMERIE GERDÈS,

10, RUE SAINT-GERMAIN-DES-PRÉS.

RÉDÉRIC SOULIÉ,

SA VIE ET SES OUVRAGES,

ORNÉ DE SON PORTRAIT

ET SUIVI DES DISCOURS PRONONCÉS SUR SA TOMBE
PAR MM. VICTOR HUGO, PAUL LACROIX ET ANTONY BÉRAUD,

PAR M. MAURICE CHAMPION.

Prix : 50 centimes.

PARIS,

MOQUET, LIBRAIRE-ÉDITEUR,

COUR DE ROHAN, 2

(PASSAGE DU COMMERCE).

—

1847.

FRÉDÉRIC SOULIÉ,

SA VIE ET SES OUVRAGES.

Un de nos plus grands écrivains, un de nos romanciers les plus célèbres, vient de s'éteindre ! Frédéric Soulié n'est plus, mais son nom est immortel. Pour lui commence la postérité, postérité bien digne d'envie, car elle lui sera populaire, glorieuse et retentissante. Nous n'avons pas la prétention de porter un jugement sur cette tombe à peine refermée ; ce que nous désirons, ce que nous voulons, c'est raconter la vie de l'homme de bien que la société regrette, de l'homme de talent que la littérature pleure !

Nous ne ferons pas un examen critique de ses œuvres ; nous en rappellerons seulement les titres, laissant à chacun la faculté d'en apprécier le mérite et la valeur. Qui n'a lu les romans et vu les drames de Frédéric Soulié !

PREMIÈRE PÉRIODE.

1800—1828.

Melchior-Frédéric Soulié était né à Foix (Ariège), le 23 décembre 1800. A Mirepoix, non loin de sa ville natale, au sein de la famille de sa mère, s'écoulèrent les quatre premières années de son enfance. Son père, après avoir professé la philosophie à l'université de Toulouse, s'enrôla en 1792, et il était parvenu au grade d'adjudant-général, lorsqu'il fut forcé d'abandonner le service militaire pour cause de maladie. Il entra alors dans l'administration des finances comme employé des contributions. Homme d'intelligence et de probité, il dirigea avec une vive sollicitude les premiers pas de son fils et inculqua dans son âme les sentiments de croyance, de patriotisme et d'honneur, qui seuls font les bons citoyens. En 1808, il fut nommé à un emploi supérieur dans les droits-réunis à Nantes. Le jeune Frédéric l'y suivit, et c'est là qu'il commença ses études. On se souvient d'avoir lu dans *Saturnin Fichet*, une des dernières productions de Soulié, que, tout enfant, en allant à l'école, il aperçut par hasard la maîtresse du trop fameux Carrier à une des fenêtres de cette même maison où le sanglant proconsul avait régné avec tant de terreur, et que le domestique chargé de le conduire le faisait s'éloigner de ces murs comme d'une demeure maudite.

En 1815, après la seconde Restauration, son père changea de résidence ; il passa de Nantes à Poitiers, et Frédéric faisait sa rhétorique au collége de cette ville, lorsqu'une *peccadille* de jeunesse peu commune l'en fit chasser. Lui-même l'a racontée en ces termes :

« Mon premier pas dans ce que je puis appeler la carrière des lettres me fit quitter le collége. On nous avait donné une espèce de fable à composer. Je m'avisai de la faire en vers français. Mon professeur, qui était un séminariste de vingt-cinq ans, trouva cela si surprenant, qu'il me chassa de la classe, disant que j'avais l'impudence de proposer comme de moi des vers que j'avais assurément volés dans quelque *Mercure*. Je fus me plaindre à mon père qui savait que, dès l'âge de douze ans, je rimais à l'insu de tout le monde. Il se rendit auprès de mon professeur, qui ne lui répondit autre chose que ce- ci : « Qu'il était impossible qu'un écolier fît des vers français. — Mais, lui dit mon père, vous exigez bien que cet écolier fasse des vers latins. — Oh !

ceci est différent, reprit le professeur, je lui enseigne comment cela se fait, et il a le *Gradus ad Parnassum.* Mon père me fit quitter le collége et se chargea de me faire faire ma philosophie.... »

A cette époque de réaction, le moindre soupçon de bonapartisme vous mettait en butte à la vengeance du pouvoir. M. Soulié, ancien militaire, administrateur intègre, fut destitué comme partisan de Napoléon. Il suffisait qu'on gardât dans son cœur le souvenir de l'Empire pour que le gouvernement royal vous privât de vos moyens d'existence, acquis par d'honorables services. Il vint alors à Paris pour réclamer ; son fils l'y ayant accompagné, se mit à suivre les cours de l'école de droit.

Dans les désordres qui agitèrent si vivement la jeunesse des écoles à cette époque, le jeune Frédéric ne fut pas un des derniers à se jeter en avant. Plein d'ardeur, il y prit une part active, signa des pétitions libérales et parut en première ligne dans la révolte contre le doyen. Cette conduite beaucoup plus tapageuse que studieuse ne lui permit guère de faire de grands progrès dans le droit ; elle lui valut d'être compris au nombre des étudiants envoyés à Rennes pour y achever leurs études sous la surveillance de la police, « comme des forçats, » ainsi que lui-même le disait plus tard. Il continua néanmoins de s'y occuper de politique et, affilié au carbonarisme, il établit une correspondance entre les Ventes de Rennes et celles de Paris.

Cependant son père était parvenu à se faire réin-

tégrer dans la place qu'il avait si éminemment remplie, et on venait de lui donner la direction des contributions directes du département de la Mayenne;
il résidait donc à Laval, lorsque Frédéric, ayant,
tant bien que mal achevé son droit, vint l'y rejoin-
dre. Un peu calmé et plus raisonnable, il travailla
sous les yeux paternels, puis entra définitivement
dans l'administration. Cette vie passablement insi-
pide de l'employé allait peu à son caractère impé-
tueux; souvent, laissant là le bureau et sa monoto-
nie, il prenait la clef des champs, et lorsque ses chefs
lui faisaient des reproches, il leur adressait quelques
vers spirituels, et son inexactitude était oubliée.

En 1824, son père ayant été mis à la retraite pour
avoir mal voté aux élections, Frédéric saisit cette cir-
constance pour s'affranchir de la vie bureaucratique;
il donna sa démission, abandonnant ainsi volontai-
rement la carrière administrative pour laquelle il ne
se sentait aucune prédilection. Déjà, comme on l'a
vu, il rimait avec assez de facilité, aussi avait-il consacré ses loisirs de province à la composition de quelques essais poétiques.

Le père et le fils résolurent d'aller se fixer à Paris;
ils y arrivèrent sans but déterminé. Frédéric, épris
de ses premiers vers, comme tous les jeune poëtes,
n'eut alors qu'une ambition : leur faire voir le jour;
il les publia sous ce titre : *Amours françaises, poëmes
suivis de trois chants élégiaques.* Une remarque cu-
rieuse, c'est que ce volume porte le nom de *F. Soulié
de Lavelanet.* Était-ce par vanité qu'il se donnait

ainsi un air de noblesse, ou plutôt par simple désir de faire mieux recevoir lui et ses vers dans les salons? On était sous la Restauration, et, bien que le libéralisme fût alors très en vogue, l'aristocratie du faubourg Saint-Germain n'en restait pas moins le plus puissant arbitre des succès littéraires, surtout en matière de poésie, quand elle demeurait en dehors de l'esprit de parti, c'est-à-dire qu'elle n'attaquait pas le pouvoir, la religion ou la monarchie. Cela est si vrai, que la plupart des poëtes devenus depuis célèbres, Victor Hugo, Lamartine, Alfred de Vigny en tête, ont débuté sous les auspices du parti royaliste.

Toutefois, le jeune auteur des *Amours françaises* ne tira pas grand profit de son inoffensive supercherie; quoiqu'elles fussent ses sentiments personnels, ses plus chères impressions, il se plaisait à avouer avec franchise que ce petit volume était passé assez inaperçu. Cependant, il faut le dire, il y avait beaucoup de verve, d'imagination et même de talent dans ce modeste recueil; la versification en était facile, et l'on y rencontrait de belles pensées, pleines d'une chaleur tout à la fois juvénile et ardente.

Si le véritable public prêta peu d'attention à cette œuvre, il n'en fut pas de même du monde littéraire, qui, à cette époque, était à l'affût de la moindre publication poétique. Une simple pièce de vers, une ode, une élégie, un sonnet vous faisait remarquer et bien accueillir partout. Dès ce moment, Frédéric Soulié fut connu; il se mit en rapport avec quelques renommées déjà établies, en même temps qu'il se lia d'intimité à de jeunes commençants comme lui. Casimir Delavigne, en lui témoignant une affectueuse bienveillance, l'encouragea à persévérer dans la noble carrière des Muses.

C'était bien le plus ardent désir de Frédéric Soulié, mais avant tout il fallait vivre, et c'est alors qu'il devint directeur d'une scierie mécanique. Certes, c'était là une occupation peu en harmonie avec ses goûts; au milieu de ses travaux journaliers et matériels, il n'avait qu'une idée fixe; cette idée le poursuivait sans cesse. Ses moments perdus, ses loisirs, ses soirées, il les occupait à faire des vers, à lire les grands auteurs dramatiques; il sentait en lui que là était sa vocation, son irrésistible destinée. Il aimait surtout Shakespeare, et sa vive admiration le porta à entreprendre, pour la scène française, la traduction d'une des plus belles pièces de l'illustre tragique anglais, *Roméo et Juliette*. C'était d'abord sa première idée; mais, une fois à l'œuvre, il se laissa entraîner par sa propre imagination, et au lieu de traduire fidèlement, il composa, effaça, ajouta; l'action au fond restait la même, mais la forme et les détails devenaient dissemblables. On l'a beaucoup blâmé de cette licence, qu'on a même appelée téméraire, sans songer qu'une véritable tragédie valait bien une sèche traduction. Sans doute c'eût été plus classique, mais beaucoup moins théâtral.

Sa tragédie achevée, Frédéric Soulié la porta à MM. les comédiens du roi, qui la reçurent à l'una-

nimité. Mais à ce théâtre, de la réception à la représentation, la distance, alors comme aujourd'hui,
était souvent infranchissable, et un tour de faveur
ne s'y obtenait que par une puissante protection.
Frédéric Soulié, plein d'impatience et ayant appris
que le comité attendait deux tragédies sur le même
sujet, retira la sienne. L'Odéon, à cette époque, était
plus accessible aux jeunes auteurs; il y obtint une
lecture, non sans peine pourtant, et grâce à l'inter-
cession de Jules Janin; sa pièce fut acceptée, mise
en répétition et, quelques mois après, le 10 juin 1828,
elle fut enfin représentée; Lockroy, Beauvallet et
Mlle Anaïs y remplissaient les principaux rôles. Un
succès un peu contesté couronna ce premier essai;
néanmoins, par *Roméo et Juliette*, Frédéric Soulié
se plaçait d'emblée au premier rang, avec un brillant
avenir devant lui.

Au sujet de cette tragédie, il nous a été conté
l'anecdote suivante : un critique distingué du temps
adressa, sous forme de lettre publique, des compliments de condoléance au poëte, en regrettant vivement de l'avoir vu tomber. Frédéric Soulié, avec cet
esprit mordant dont il savait, quand il le voulait, si
bien faire usage, lui répondit : « Il est possible que
je sois tombé, vous savez que cela peut arriver à tout
le monde, mais je n'accepte pas vos compliments de
condoléance, car il me serait très-dur de tomber
dans vos bras. »

DEUXIÈME PÉRIODE.

1829—1832.

En même temps qu'il écrivait *Roméo et Juliette*, Frédéric Soulié préparait une autre pièce en vers, ni tragédie, ni drame; elle était de cette école dite *romantique* qui allait se manifester par l'*Hernani* de M. Hugo et qui devait avoir, dans la suite, de fougueux disciples et d'ardents adeptes. Cette école consistait à choisir un [sujet terriblement dramatique, à le découper en scènes émouvantes, puis à le rimer avec des tirades à effet. C'était, à tout prendre, moins endormant que la rigidité classique, mais mieux valait, pour ces sortes de compositions, s'en tenir à la prose.

Ce fut encore à l'Odéon que Frédéric Soulié donna

Frédéric Soulié.

ce drame en vers.. *Christine à Fontainebleau* fut jouée le 13 octobre 1829, un peu plus d'une année après *Roméo et Juliette*. Il a avoué lui-même que cet ouvrage tomba d'une façon éclatante, bien qu'il l'eût fait avec amour. « Je fus désolé, dit-il ; désolé surtout de l'abandon des journalistes qui, après nous avoir poussés, nous autres jeunes gens, dans une voie d'affranchissement, désertèrent la cause à son premier essai. » Certes, *Christine* ne méritait pas une chute aussi complète.

Alexandre Dumas, à cette époque déjà l'ami de Frédéric Soulié, a raconté dernièrement dans une lettre différentes particularités qui se rattachent à cette œuvre incomprise. Voici cette lettre d'Alexandre Dumas :

« Mon cher Matharel,

« Vous me demandez si j'ai conservé dans ma mémoire quelques faits de la vie littéraire de notre pauvre Frédéric. En voici un qui m'est relatif :

« Il y a vingt-deux ou vingt-trois ans que je connais Frédéric. Nous avons débuté ensemble ; seulement il avait pris l'antériorité sur moi. Une traduction, ou plutôt une imitation du *Roméo et Juliette* de Shakespeare fut son premier ouvrage dramatique ; une élégie faite d'après un tableau d'Horace Vernet pour la galerie de M. le duc d'Orléans, et intitulée la *Folle de Waterloo*, fut une de ses premières pièces de poésie.

« Frédéric Soulié, plus âgé que moi de cinq ans à peu près, dirigeait alors une scierie mécanique à la Gare, près le Jardin des Plantes. Nous passions une partie de nos soirées ensemble, et nous essayions, pendant ces soirées d'écrire pour la Porte-Saint-Martin un drame des *Puritains d'Ecosse*. Le rôle de Balfaur de Burley nous avait séduits pour Frédérick.

« En cherchant dans la Biographie de Michaud un renseignement sur Charles Ier, je tombai sur l'article *Christine*, et, en le lisant, je m'arrêtai à l'épisode de la mort de Monaldeschi.

« — Pardieu! mon cher, dis-je à Soulié, il y a là dedans tout un drame.

« — Je le sais bien, répondit-il.

« — Veux-tu le faire ensemble ?

« — Non, je tiens à faire un ouvrage seul. Mon *Roméo* n'est qu'une traduction, et, par conséquent, est bon pour un début, mais doit être promptement et vigoureusement soutenu. C'est mon avant-garde. Si mon avant-garde, composée de troupes étrangères, plie, il faut que je puisse faire donner mon corps d'armée composé de troupes nationales.

« — Alors, mon cher ami, fais de ton côté, je ferai du mien.

« — A merveille !

« — Mais tu comprends, n'est-ce pas, sans rivalité, sans haine, sans refroidissement ?

« — Cela va sans dire. »

« Nous nous donnâmes la main, et ce fut chose convenue que chacun de nous ferait sa *Christine*.

« Nos *Puritains d'Ecosse*, abandonnés quelques jours après pour les premiers travaux de ce nouveau drame, ne virent jamais le jour.

« J'eus fini mon œuvre le premier. Soulié travaillait difficilement. C'était par rayons aigus que la lumière filtrait dans cette tête si vigoureusement organisée, et jamais cette lumière, éblouissante là où elle frappait, n'était assez complète pour éclairer le vaste chaos de sa pensée. Il en résultait que certaines portions de son œuvre restaient dans l'ombre. De sorte que ce monde inconnu qu'il portait en lui, pareil à notre monde réel, lumineux d'un côté, demeurait presque toujours de l'autre à moitié plongé dans la nuit.

« Je lus ma *Christine* au Théâtre-Français, elle fut reçue.

« Soulié, trois ou quatre mois après, lut la sienne à l'Odéon; elle fut reçue également. Dans l'intervalle, sa tragédie de *Roméo* avait été jouée et avait obtenu un beau succès.

« *Christine* fut jouée à son tour. Moins heureuse que *Roméo*, *Christine* tomba. Harel était à cette époque directeur du théâtre de l'Odéon.

« C'était un homme auquel il poussait trois ou quatre idées par heure. Au nombre de celles qui lui vinrent pendant l'heure qui suivit le baisser du rideau, il y en eut une qui se manifesta à moi le lendemain par cette lettre :

« MON CHER DUMAS,

« La Comédie-Française, fidèle à ses traditions d'in-
« humation littéraire, vous a reçu votre *Christine* pour
« ne jamais vous la jouer. — Je vous la reçois, moi,
« pouvant la jouer tout de suite; vous aurez neuf du cent
« de la recette, et vous serez joué par Mlle Georges, par
« Ligier, par Lockroy et l'élite de la troupe.

Je trouve original de jouer sur le même théâtre, avec mêmes artistes, deux pièces sous le même titre,

2

« faites en même temps, je ne dirai pas par deux rivaux,
« mais par deux amis.

« Tout à vous,   « HAREL. »

« La proposition était trop galante pour ne pas me sé-
duire ; cependant elle soulevait un remords dans mon esprit, ou plutôt dans mon cœur. — Ne serait-ce pas un chagrin pour Soulié que cette substitution si rapide d'une
œuvre à une autre, — et plus qu'un chagrin, une douleur,
si je réussissais là où il venait de tomber ?

« Je lui envoyai la lettre d'Harel, sans y rien ajouter,
sans lui rien faire dire.

« Le lendemain je la reçus ; il y avait ajouté ce *post-
scriptum* :

« Merci du bon procédé !

« Ramasse les morceaux de ma *Christine*, fais balayer
« le théâtre, prends-le, je te le donne.

« Tout à toi,   « F. SOULIÉ. »

« Le lendemain ma *Christine* était lue aux acteurs et
le surlendemain mise en répétition.

« La veille de la répétition générale, je fis prévenir
Soulié que s'il voulait faire le voyage de l'Odéon, il me
ferait grand plaisir.

« Soulié vint.

« Ceux qui ont vu cette répétition générale se rappelle-
ront l'immense succès qu'eut la pièce à cette répétition.
Je puis le dire, *Christine* étant, avec certain *Laird de
Dumbicky*, celui de tous mes ouvrages dramatiques qui
a été le plus cruellement sifflé.

« Pendant toute cette répétition, je n'eus d'yeux que
pour Frédéric. L'avis de Frédéric me semblait, au milieu

de tous ces applaudissements, le seul dont je dusse me préoccuper.

« Pendant les premiers actes il resta froid. Mais au quatrième et au cinquième il fut pris comme les autres.

« Je le vis sortir, je sortis. Nous nous rencontrâmes dans le corridor. Il se jeta à mon cou.

« — Ma foi, mon ami, me dit-il avec cet accent auquel il n'y a pas à se tromper, les autres te diront ce qu'ils voudront, mais je te dirai, moi, que tu as fait une belle chose.

« — Merci, merci ! »

« J'étouffais fort, je me le rappelle, en disant cela.

« — Maintenant, continua Soulié, as-tu distribué les billets ?

« — Pas encore.

« — Allons, donne-moi tous les parterres que tu pourras me donner. Je t'amène demain mes scieurs de long, je me mets à leur tête, et tu vas voir comme nous allons te mener.

« Je donnai cinquante places à Soulié.

« Soulié les distribua à ses cinquante scieurs de long.

« Sans Soulié et sans ses cinquante scieurs de long, je suis convaincu que la pièce n'eût point été jusqu'à la fin.

« Voilà ce qu'a fait Soulié, mon cher Matharel. Ouvrez les annales dramatiques du monde entier, et vous n'y trouverez pas, j'en suis certain, un fait analogue à celui-ci.

« C'est un des plus grands et un des meilleurs qui nous a dit adieu.

« Tout à vous,   « ALEXANDRE DUMAS. »

Cette chute, en détruisant ses plus chères espé-

rances, ses plus belles illusions, dégoûta profondé-
ment Frédéric Soulié du pénible métier de poëte.
Il croyait y acquérir la gloire et la fortune, et de
ces deux capricieuses maîtresses du genre humain,
ni l'une ni l'autre ne daignaient lui accorder leurs
faveurs. Alors découragé, froissé, il brisa sa lyre,
fit taire les cordes harmonieuses qui vibraient en
son âme, pour devenir journaliste. Il rédigea le
Mercure et travailla au *Figaro* sans abandonner en-
tièrement le théâtre, penchant chez lui irrésistible,
et, le 17 juin 1830, il y reparut encore. Cette fois,
ce n'était plus une œuvre capitale et importante
qu'il faisait représenter, mais une simple pièce en
deux actes intitulée : *Une Nuit du duc de Montfort.*
Toute médiocre qu'elle fût, elle obtint plus de succès et lui rapporta plus d'argent que ses deux tragédies. Il est vrai qu'elle avait pour interprètes Bouffé,
Thénard, Volnys, Mmes Albert et Déjazet, déjà en
première ligne au *Théâtre des Nouveautés.*

Un peu plus d'un mois après éclata la révolution,
et dans ces grandes journées Frédéric Soulié, plein
d'un ardent patriotisme, combattit avec bravoure au
milieu des insurgés, le fusil en main, dans les rues
de Paris, contribuant ainsi à la victoire, non par des
paroles, mais par des actions. Cette courageuse conduite lui mérita la croix de juillet.

L'ordre rétabli, Frédéric Soulié déposa les armes
pour reprendre la plume; il continua d'écrire çà et
là, un peu partout, spécialement dans les petits
journaux, tels que *la Mode* et *le Voleur*, avec MM. de

Balzac et Eugène Sue. Alors cette littérature que la presse quotidienne de nos jours jette en pâture à ses lecteurs, ces interminables romans qui absorbent des centaines de numéros, cette fureur, en un mot, des longs feuilletons n'était point encore apparue. On se contentait d'historiettes, de petites nouvelles, de simples contes, et Frédéric Soulié, dans ce genre, s'acquit bien vite une certaine vogue. On vit son nom figurer dans tous les recueils ou revues littéraires ; *la Pandore*, *le Corsaire*, *l'Artiste*, le comptèrent au nombre de leurs rédacteurs habituels.

Avant d'arriver à son grand triomphe théâtral de *Clotilde*, qui devait le faire si avantageusement connaître et lui créer un public, nous devons rappeler pour mémoire et afin de montrer toute la persévérance qu'il faut même au véritable talent, qu'il eut encore à subir une défaite. *Nobles et Bourgeois*, comédie en 5 actes et en prose, faite en collaboration avec un homme d'esprit et de mérite, tomba d'une façon désespérante.

C'était là du malheur, une mauvaise chance, si l'on peut ainsi dire, et pourtant Frédéric Soulié ne se rebuta point. *La famille de Lusigny* (en société avec M. A. Bossange), drame en 3 actes, joué aux Français, le 15 octobre 1831, dont le sujet était pris dans le roman de Lacretelle, *le Fils naturel*, réussit assez bien. Ce succès, du reste fort ordinaire, vint encourager Frédéric Soulié, qui dès-lors résolut de tenter un coup d'éclat ; il voulut se manifester d'une manière frappante, et souvent vouloir c'est pouvoir.

Dans ce but, il se mit à écrire simultanément un drame et un roman : le drame, c'était *Clotilde* ; le roman, *les Deux Cadavres*.

Le 11 septembre 1832, eut lieu la première représentation de *Clotilde* au Théâtre-Français. L'action, tirée du *Fazio* du poëte anglais Milman, était des plus dramatiques ; Mlle Mars déployait dans le rôle de *Clotilde* une chaleureuse passion, et tout Paris courut la voir. Le triomphe fut réel, complet, et, malgré les vives attaques de la critique, cette pièce reçut les applaudissements enthousiastes d'un nombreux public. Elle fit époque dans l'art dramatique.

A peu près en même temps parurent *les Deux Cadavres*, roman affreux, tissu d'horreurs, de meurtres et de scènes sanglantes, mais admirablement écrit. Cela plut beaucoup, même aux petites maîtresses, aux femmes du monde, et le succès en fut immense.

Dès ce moment, la réputation de Frédéric Soulié comme dramaturge et romancier fut parfaitement établie. Nous allons maintenant la voir s'agrandir, s'étendre et se transformer en véritable renommée.

TROISIÈME PÉRIODE.

1833—1847.

Les brillants succès que Frédéric Soulié venait d'obtenir à la fois sur la scène et dans le monde furent pour lui une douce satisfaction; l'auteur le plus modeste a toujours un profond sentiment d'amour-propre pour ses œuvres; il aime à les entendre louer, il se complaît à les voir beaucoup lues, de même que la critique juste ou injuste l'agace, le blesse et lui fait mal. Frédéric Soulié était fort sensible à ces deux impressions. Sans doute, *Clotilde* et les *Deux Cadavres* furent très-attaqués, mais enfin le succès, loin de s'en ressentir, ne fit que s'en accroître; tous voulurent voir ce drame, lire ce roman, et Frédéric Soulié, si peu vaniteux de sa nature, en éprouva cependant un juste orgueil.

Presque immédiatement après (1833), il publia *le Port de Créteil*, recueil de nouvelles détachées qui réussit assez bien, et, à cette époque, on le vit fonder un journal, intitulé *Napoléon*, entreprise qu'il céda bientôt à M. Marco de Saint-Hilaire. Deux pièces qu'il fit représenter vers ce temps aux boulevards, *l'Homme à la blouse* et *le Roi de Sicile*, eurent un même et fatal sort : elles tombèrent sans laisser aucune trace. On peut dire que ces chutes furent les dernières qu'il supporta. A partir de ce moment, chacun de ses ouvrages fut un brillant fleuron de plus à ajouter à sa couronne littéraire.

Durant les deux années qui suivirent, Frédéric Soulié déploya la plus féconde activité. D'abord parut *le Vicomte de Béziers*, puis *le Magnétiseur*, romans bien différents de genres, l'un historique, l'autre tout d'invention, et qui tous deux eurent un égal retentissement. *Une aventure sous Charles IX*, représentée aux Français le 21 mai 1834, les avait précédés. Cette pièce, passablement critiquée, fut pourtant très-applaudie et beaucoup jouée. Ensuite vinrent deux volumes de *Contes pour les enfants*, puis *le Comte de Toulouse*, et enfin *le Conseiller d'État*, qui obtint un succès non moins mérité que celui des *Deux Cadavres*. C'était une peinture de mœurs pleine de vérité et d'imagination, avec des caractères parfaitement tracés, des situations très-attachantes, une connaissance profonde du cœur humain, et tout cela écrit en style coloré. Ce fut peu de temps avant qu'il donna *les Deux Reines* à l'Opéra-Comique (6 août 1835), dont la charmante musique d'Hippolyte Monpou eut légitimement tous les honneurs.

Un été à Meudon, Deux séjours — Province et Paris, Sathaniel, datent de 1836. Ce dernier ouvrage et *les Quatre Epoques* (les Celtes, les Gaulois, les Romains, les Chrétiens), qui parut un peu plus tard, formèrent, avec *le Vicomte de Béziers* et *le Comte de Toulouse, les Romans historiques du Languedoc*.

Malgré toutes ces publications et le bon accueil qu'on leur faisait, Frédéric Soulié demeurait toujours dans un état de fortune assez précaire, car les auteurs n'étaient point alors aussi largement rétribués qu'aujourd'hui. Ils gagnaient leur vie à la sueur du front et de l'esprit, par un travail incessant, et voilà tout. La richesse et l'aisance n'étaient point pour eux. Frédéric Soulié ne s'en plaignait pas, prenant le temps comme il venait, avec calme et philosophie. Cependant le maréchal Clauzel, son oncle, en devenant une seconde fois gouverneur-général de l'Algérie, lui réitéra une offre qu'il lui avait déjà faite en 1831 : celle d'un bon emploi dans l'administration de la colonie; mais il refusa encore; pour lui, la littérature était un devoir, une vocation. C'est pourquoi il ne voulut pas non plus accepter la proposition que lui fit M. le comte Molé, alors président du conseil (1837), d'entrer au conseil d'État, à condition d'abandonner la carrière d'homme de lettres. Il préféra garder son indépendance, le seul bien qu'il possédât.

Ce fut vers cette époque qu'il conçut l'idée des *Mémoires du Diable*, œuvre gigantesque, énergiquement écrite, imitée du *Diable boiteux*, de Lesage. Ils commencèrent à paraître vers le milieu de 1837, et ne furent terminés qu'en mars 1838; tout le monde se souvient de l'effet prodigieux qu'ils produisirent. C'était le tableau de la société dans ce qu'elle a de plus hideux, de plus atroce; le crime, l'inceste, l'adultère, la ruse, la fausseté, toutes les mauvaises passions humaines, en un mot, s'y identifiaient à des personnages dépeints avec un art infini, sous les dehors trompeurs du bien et du bon, de l'innocence et de la pureté. Satan vous faisait pénétrer dans les plis les plus secrets des cœurs. Tel homme, jouissant de la considération de tous, d'une haute réputation de probité, n'était au fond que vices infâmes. Telle femme, qu'on citait pour sa vertu, n'était qu'hypocrisie et débauche. Pour s'expliquer une semblable perversité de pensées dans Frédéric Soulié, l'âme la plus pure, la plus morale, la plus honnête, il faut se reporter aux douleurs qu'il avait souffertes. Qu'il nous suffise de rappeler ce qu'il disait en tête de ce grand ouvrage. « Paris est le tonneau des Danaïdes; on lui jette les illusions de sa jeunesse, les projets de son âge mûr; il enfouit tout et ne rend rien ! Jeunes gens que votre heureuse étoile n'a pas encore amenés dans cette dévorante atmosphère, ne venez pas à Paris, si l'ambition d'une sainte gloire vous anime. Quand vous aurez demandé au public une oreille attentive pour celui qui parle bien et honnêtement, vous le verrez suspendu aux récits grossiers d'un écrivain trivial ou aux contes vulgaires d'une gazette criminelle; vous entendrez le public crier à votre muse : « Tais-toi ou amuse-moi, il me faut des moxas pour réveiller mes sensations éteintes. As-tu des adultères monstrueux et d'effrayantes bacchanales, des passions et des crimes à me raconter? Alors parle, je t'écouterai une heure, le temps durant lequel je sentirai ta plume âcre courir sur ma sensibilité calleuse ou gangrenée; sinon tais-toi, va mourir dans la misère et l'obscurité ! La misère, c'est-à-dire le mépris; l'obscurité, ce supplice si bien nommé ! » Mais vous n'en voudrez pas, jeunes gens, et alors que ferez-vous? Vous prendrez une plume et une feuille de papier, et vous écrirez en tête *Mémoires du Diable*, et vous direz à vos lecteurs : « Ah! vous voulez de cruelles choses pour vous en réjouir; soit, messeigneurs, voici un coin de votre histoire. »

L'immense renommée qu'acquit à Frédéric Soulié cette nouvelle publication le plaça désormais au faîte de la puissance littéraire. Au même moment on reprit à l'Odéon sa tragédie de *Roméo et Juliette*, et cette fois elle fut accueillie par d'unanimes bravos, soit qu'on en saisît mieux le talent, soit qu'on voulût rendre hommage au grand écrivain dans sa première œuvre. Durant l'année 1839, trois pièces de Frédéric Soulié furent représentées au théâtre de la Renaissance : *Diane de Chivry* (9 février), d'après une de ses nouvelles; *le Fils de la Folle* (11 juillet), tiré de son roman *le Maître d'école;* enfin *le Proscrit* (7 novembre, en société avec M. Timothée Dehay), où Mme Dorval était si déchirante. Ces ouvrages eurent de légitimes succès; aux yeux de l'étroite critique, ils avaient le défaut d'être trop dramatiques, trop exagérés, avec des situations trop passionnées, trop vives, trop fortement senties. C'était ici une répétition des attaques contre *Clotilde.* Cependant le public n'adopta pas ces reproches, et il le prouva par ses applaudissements.

Immédiatement après son grand succès des *Mémoires du Diable*, Frédéric Soulié fit paraître *l'Homme de lettres*, puis, en 1839, *Six Mois de correspondance — Diane et Louise* et *le Maître d'école.* Ces rapides publications ne l'empêchaient pas de donner de temps à autre de délicieuses nouvelles dans *l'Europe littéraire, la Mode,* la *Revue de Paris,* la *Chronique de Paris;* de charmants feuilletons dans le *Journal général de France, les Débats, la Presse, la Quotidienne, le Messager, le Siècle;* des articles à la plupart des recueils pittoresques, tels que *Paris moderne, le Musée des Familles* où le *Journal des enfants.* Il avait coopéré, avec l'élite de la littérature, aux *Cent-et-un* par *la Librairie à Paris,* aux *Cent et une Nouvelles* par *l'Ecolier de Toulouse*, au *Livre des Conteurs* par *la Femme d'un Russe*. Dans un *Diamant à dix facettes* et *le Foyer de l'Opéra*, ouvrages dus à l'association de nos meilleurs écrivains, il donna *Un Ciel orageux* et *le Lion amoureux*, et, dans *les Français peints par eux-mêmes*, *l'Agent de change* et *l'Ame méconnue*.

Lors de la translation des cendres de l'Empereur, en 1840, il parut de lui une petite brochure, intitulée *le Tombeau de Napoléon*. Frédéric Soulié aimait l'époque impériale, et c'était toujours avec un indicible plaisir qu'il parlait de cette homérique épopée. Déjà, il avait fondé un journal dans cet esprit, publié, en 1837, *la Lanterne magique, histoire de Napoléon, racontée par deux soldats*, écrit une introduction pour *les Souvenirs de la vie privée de Napoléon*, et maintenant, comme complément à ces diverses publications qu'on pourrait appeler *napoléoniennes*, il donnait des *petits Contes militaires*. Ce fut aussi vers ce temps qu'il fit la *Physiologie du bas-bleu*, où tous les ridicules des femmes auteurs étaient spirituellement dévoilés.

Les ouvrages que Frédéric Soulié publia de 1840 à 1847 sont très-nombreux; ils eurent plus ou moins de vogue, mais tous sont empreints d'un talent incontestable et de la plus fertile imagination. Comme nous ne faisons pas une bibliographie ni une analyse, nous devons seulement nous borner à énumérer cette longue liste de romans et de drames. *Un Rêve d'amour, Confession générale* et *la Cham-*

brière parurent en 1840 ; *Si jeunesse savait et si vieillesse pouvait*, *les Quatre Sœurs*, en 1841 ; *Eulalie Pontois* et *Marguerite*, en 1842 ; *les Prétendus*, *le Bananier*, *Huit jours au château*, *Maison de campagne à vendre*, en 1843. En 1844, 1845 et 1846-47, furent publiés *le Château de Walstein*, *Au jour le jour*, *les Drames inconnus*, *les Aventures d'un cadet de famille*, *les Amours de Victor Bonsenne*, *Olivier Duhamel*, *la comtesse de Monrion*, *le Duc de Guise*, et enfin *Saturnin Fichet*.

Durant ce même intervalle de sept années, Frédéric Soulié fit jouer au théâtre de l'*Ambigu* plusieurs pièces qui eurent toutes un grand nombre de représentations. Ce furent : *l'Ouvrier*, le 18 janvier 1840 ; *Gaétan il Mammone*, le 12 novembre 1842 ; *Eulalie Pontois*, le 18 mai 1843 ; *les Amants de Murcie*, le 9 mars 1844 ; *les Talismans* (féerie), le 30 janvier 1845 ; *les Étudiants*, le 24 mai suivant ; enfin *la Closerie des Genéts*, le 14 octobre 1846. Sans nul doute, ce dernier drame, dont le succès fut si colossal, contribua beaucoup à rendre plus populaire le nom de Frédéric Soulié. Il fut désormais autant connu des ateliers que des salons, et il en était fier. Qui n'aime la popularité !

Ce fut quelque temps après ce magnifique triomphe qu'une douloureuse maladie de cœur vint s'emparer de Frédéric Soulié ; durant plus de trois mois, il supporta de cruelles souffrances, et enfin, le 23 septembre 1847, Dieu l'appela à lui. On peut dire que, s'il vécut dignement et honnêtement, il est mort saintement (1), avec la résignation d'un chrétien et le calme d'une âme qui n'a rien à se reprocher.

M. Achille Collin, qui fut pendant longtemps son secrétaire, a raconté ses derniers moments dans une lettre d'une simplicité touchante, et cette lettre, nous croyons devoir la donner ici.

LETTRE DE M. ACHILLE COLLIN.

« Que vous dirai-je, mon cher ami? L'histoire de ce pauvre et excellent Frédéric Soulié, je ne la sais plus, je

-----

(1)   *Lettre du curé de Bièvre.*

« M. Frédéric Soulié est mort en bon chrétien, en bon catholique romain, muni des secours de la religion, qu'il a reçus lundi dernier, dans toute la plénitude de sa raison.

« Après lui avoir administré les sacrements, je lui ai demandé s'il rétractait avec un esprit soumis à l'Église tout ce que ses écrits pourraient renfermer de contraire à la foi et aux mœurs; il a répondu d'un ton ferme : « Oui; et si, dans mes ouvrages, « j'ai pu blesser, je ne dis pas le dogme, que j'ai toujours res« pecté, mais la morale, je ne l'ai fait que par légèreté. »

« Hier encore, six heures avant sa mort, M. Soulié me disait qu'il ne regrettait point la crise qu'il avait éprouvée lundi dernier, parce qu'elle lui avait fait prendre un grand parti qui le rendait très-heureux, celui de revenir à Dieu et de s'y attacher pour toujours.

« Il n'est pas possible de recevoir les secours de la religion d'une manière plus édifiante que ne l'a fait M. Frédéric Soulié. Depuis, toutes ses paroles ont été en harmonie avec l'acte religieux qu'il avait accompli lundi dernier, et qu'il a voulu accomplir sous les yeux de quelques amis et d'autres personnes pour leur donner un exemple d'édification. »

ne sais maintenant que sa mort. Ses œuvres, vous les connaissez toutes; des détails pour une biographie, j'aurais peine à la coordonner, et je ne veux pas trop me souvenir; il y a deux jours, j'étais plein de sa vie, en ce moment je ne suis plein que de sa mort, je ne puis vous parler que de sa mort.

« Voilà bientôt trois mois que sa mort a commencé; aussitôt que la maladie l'a touché, il s'est senti perdu; il n'a plus parlé, il n'a plus agi, il n'a plus pensé que dans la prévision de sa fin inévitable. Une funeste certitude s'était emparée de lui. En vain essayait-il de la repousser, encore ne la repoussait-il que par l'énergie de la prière. Il demandait à Dieu de ne pas encore compter le nombre de ses jours; il le suppliait de le laisser vivre deux ans, un an encore, le temps d'achever les dessins qu'il avait ébauchés, d'écrire les choses dont il allait emporter le secret; le temps de dire ce dernier mot d'un talent nouveau qui lui avait été révélé, mais qu'il n'avait pas encore dit.

« Cette prière ne devait pas être exaucée, mais Dieu, qui connaît seul toutes ses grâces, lui réservait sans doute une consolation meilleure. La religion le visita en même temps que la mort. Dès ce moment, il ne fut plus que sérénité, qu'affection douce et que tendresse. Nos soins ne pouvaient plus le sauver, et il ne s'abusait pas, mais il les aimait, et s'attachait à nous en payer tous par de bonnes paroles. Il nous disait à chaque instant : « Je ne suis pas un roi, je ne suis pas un prince, et jamais prince ni roi n'a été servi comme je suis servi, n'a été entouré comme je suis entouré. »

« Il est vrai que nous avons bien lutté avec le mal, et s'il nous a vaincus, du moins n'a-t-il jamais surpris notre vigilance. Deux jours après l'invasion de la maladie, deux médecins prenaient leur poste à son chevet, et il ne demeura plus une heure sans avoir l'un ou l'autre attentif sur ses jours. M. Massé, M. Boileau, se partageaient les veilles. L'un était de garde auprès de lui du soir au matin, l'autre du matin jusqu'au soir, et toujours tous deux se rencontraient avec M. Récamier, qui venait en consultation le matin et le soir. Outre les deux docteurs, amis et médecins tout ensemble, Frédéric Soulié avait auprès de lui une sainte sœur de Notre-Dame-de-Bon-Secours. Si la nuit semblait devoir être calme, c'était Béraud, le directeur du théâtre de l'Ambigu; c'était Boulé, c'était M. Victor Provost, c'était moi, c'était un de nous quatre qui passait la nuit à son chevet; s'il y avait recrudescence de douleur, c'étaient tous les quatre à la fois, comme si nous avions été plus forts en nous réunissant; c'étaient surtout Mme Béraud et sa mère, Mme Béraud toujours, femme courageuse et dévouée, qui ne s'en fiait qu'à elle et qui ne se reposait pas même sur la science des docteurs, sur le zèle infatigable de la pieuse sœur et sur notre amitié.

« Enfin, vous le voyez, nous n'avons rien fait, puisque nous n'avons pas rendu ce grand talent aux lettres, ni ce cœur admirable à tous ceux qui le chérissaient comme vous; mais ce besoin d'affection, qui redoublait avec l'approche des derniers instants, a peut-être eu quelques bonnes heures. La sympathie publique nous est venue en aide. Je lui disais combien il était aimé, comme sa maladie était devenue l'entretien de tout le monde. Je lui nommais les personnes qui s'informaient incessamment de sa santé, et un jour il fondit en larmes : « Qu'ai-je donc fait, demanda-t-il, qu'ai-je donc fait pour mériter tout cela ? — Ce que vous avez fait, lui répondit Mme Béraud, vous avez été un bon homme ! » Je laisse le mot, tâchez de le lire du même ton qu'il a été prononcé, et il vous touchera. Un bon homme, c'est un si bel éloge à celui dont on peut dire aussi qu'il a été un grand homme !

« Le lendemain, je mis une feuille de papier blanc sur mon bureau; chacun de ceux qui vint s'enquérir de Bièvre et du malade y inscrivit son nom; le soir je rapportai la feuille avec deux cents signatures.

« C'était le seul baume bienfaisant que nous pouvions poser sur ce cœur qui l'a tué.

« Au milieu de nos alternatives d'espérances et de douleurs, à travers les mille délais et les mille retours du mal, la mort achevait son œuvre. Dans la nuit du 22 au 23 septembre, il sentit qu'elle arrivait à lui; hélas ! nous ne la pensions pas si proche : il se pencha alors vers M. Massé :

« Docteur, lui dit il, entre le malade et le médecin il y a une heure où rien ne saurait plus être caché; parlez-moi franchement, parlez-moi sincèrement; la mort va-t-elle bientôt venir ? »

« Et pour détourner la réponse je m'approchai alors en lui demandant s'il avait froid.

« Je n'ai pas froid, me répondit-il, mais je suis un mort. »

« Et puis il se fit un silence jusqu'à ce qu'il reprit la parole pour dire sans émotion, comme un homme qui analyse et qui observe : « Voici le commencement de la fin. » C'était l'invasion de l'agonie. Le malade l'attendait, il l'accueillit doucement.

« Plus de remède, nous dit-il, je ne prendrai plus rien; qu'on ôte la bouteille d'eau chaude que j'ai sous les pieds; ne me tourmentez plus, ne me pressez plus, laissez-moi calme, ne me détournez pas, ne cherchez pas à me distraire lorsque je me recueille afin de mourir. »

« Ainsi, prêt pour la mort, il demanda tous ceux qui l'avaient soigné durant sa maladie; il appela aussi son domestique; il voulut que tout le monde l'entourât.

« Tout le monde auprès de moi, disait-il, que je voie tout le monde. » Et alors, comme le moment était solennel et n'admettait plus le mensonge ni le mystère, on se prit à s'entretenir avec lui de sa mort : « Qu'elle est longue! » disait-il, et on lui répondait : « Soyez patient, vous cesserez bientôt de souffrir. »

« Il ne se lassait pas de nous regarder tous, et de nous dire affectueusement, mais d'une voix presque éteinte : « Je vous vois, je vous vois encore, » et il nous désignait tous par nos noms.

« Il y eut un moment admirable et terrible. Cette agonie si peu semblable à une lutte prit un caractère plus violent, et l'asphyxie, on le croyait du moins, allait suffoquer le malade.

« Alors la sœur de Bon-Secours se prit à réciter tout haut les suprêmes prières. Frédéric Soulié les redisait à voix basse, et nous tous, fondant en larmes, nous les répétions avec lui, pour lui, et sur lui. Mais l'heure n'était point encore arrivée, l'asphyxie cessa de croître et d'envahir. Frédéric Soulié avait Béraud à sa gauche, Mme Béraud à sa droite; Béraud lui tenait la main gauche : « Mon ami, lui dit le mourant, cette main est déjà inerte, elle ne sent plus celle d'un ami; si vous en voulez une qui réponde à votre étreinte, prenez celle-ci. » Et il lui tendit la droite. L'autre appartenait déjà à la mort.

« Vous n'imaginerez jamais une sérénité pareille à celle qui se répandait doucement sur le visage de celui qui nous quittait. Avant de se retirer d'avec nous, il voulut nous laisser à chacun un souvenir; il donna son portrait, sa montre et sa tabatière. Comme Mme Béraud cherchait à lui mettre une bague au doigt en lui disant qu'elle la reprendrait plus tard. « Plus tard!... Oh! non, madame, fit-il tout bas, on ne reprend jamais un bijou sur un cadavre, cela porte malheur. »

« A l'heure de la mort notre admirable ami semblait transfiguré, sa pensée s'élevait, sa langue était la langue immortelle de la poésie. Il parlait et ne parlait plus qu'en vers. Il adressait des vers à tous ceux qui l'entouraient : à ses deux médecins, à ses amis présents, aux artistes absents qui avaient eu leur part dans ses succès; nous écoutions, nous prêtions l'oreille; malheureusement le hoquet entrecoupait ses paroles et ne nous permettait pas toujours de les saisir complétement. Je pris un moment la plume et j'écrivis sous sa dictée. J'avais été pendant près de quinze années son secrétaire, Dieu fut assez bon pour me permettre de l'être encore à sa dernière minute.

« Je ne vous donnerai pas ses vers, Béraud les a recueillis, et il vous les redira à tous sur sa tombe.

« Si, à ces derniers instants, quelqu'un était entré parmi nous, il aurait vu nos pauvres courages ébranlés, la force de la pauvre sœur confondue, tout le monde éclatant en sanglots, et le mourant, lui seul, les yeux levés au ciel, aspirant après le repos dans la paix infinie.

« Il avait une telle foi, un tel rayonnement de confiance sur le visage, que Béraud prit son fils par la main et demanda pour lui la bénédiction du mourant : « Enfant, lui dit Frédéric Soulié, tu es appelé bien jeune à voir un sévère spectacle; aime ton père, aime ta mère, et sois bon pour tous; quand on n'a fait de mal à personne, on meurt tranquille comme je meurs. Regarde! » Puis il recommanda à Béraud d'aller consoler son père, son père qu'il aimait tant, et qu'il n'avait pu embrasser avant de mourir.

« Encore quelques instants et ses yeux se voilèrent sans

qu'il les eût détachés de ceux qui n'étaient qu'une famille autour de lui. Sa tête se renversa, deux larmes s'échappèrent de ses yeux, il n'était plus. Ainsi est mort un homme de bien, qui sera un homme illustre et qui n'a cependant donné que la moindre part de son talent à sa gloire. Ceux qui l'ont connu savent seuls ce qu'il portait encore dans son cœur et dans sa tête, mais c'est là ce qu'il vous appartient de dire et que vous direz mieux que moi. Pour moi, ma tâche est remplie; soyez l'interprète du deuil public; je porterai le mien en secret, moi qui ne suis rien, moi qui ne puis avoir qu'un orgueil et qui le garderai toute ma vie, celui d'avoir aimé Soulié, celui d'avoir vécu auprès de lui, d'avoir été de moitié dans ses secrets et de me dire : Il m'a traité comme un ami, il m'a toujours nommé son frère.

« ACHILLE COLLIN. »

Ce fut le 27 septembre qu'eurent lieu les obsèques de Frédéric Soulié, à l'église Sainte-Élisabeth-du-Temple. Journalistes, littérateurs, poëtes, artistes grands et petits, accompagnèrent sa dépouille mortelle, au milieu d'une foule compacte, d'un concours immense de peuple, jusqu'au Père-Lachaise, où une compagnie de fusiliers lui rendit les derniers devoirs militaires, en sa qualité de membre de la Légion-d'Honneur dont le roi l'avait créé chevalier en 1845.

DISCOURS

Prononcés sur la tombe de Frédéric Soulié.

DISCOURS DE M. VICTOR HUGO

AU NOM DE LA SOCIÉTÉ DES AUTEURS DRAMATIQUES.

« Les auteurs dramatiques ont bien voulu souhaiter que j'eusse, dans ce jour de deuil, l'honneur de les représenter et de dire en leur nom l'adieu suprême à ce noble cœur, à cette âme généreuse, à cet esprit grave, à ce beau et loyal talent qui se nommait Frédéric Soulié. Devoir austère qui veut être accompli avec une tristesse virile digne de l'homme ferme et rare que vous pleurez. Hélas! la mort est prompte; elle a ses préférences mystérieuses; elle n'attend pas qu'une tête soit blanchie pour la choisir. Chose triste et fatale! les ouvriers de l'intelligence sont emportés avant que leur journée soit faite. Il y a quatre ans à peine, tous, presque les mêmes qui sommes ici, nous nous penchions sur la tombe de Casimir Delavigne; aujourd'hui, nous nous inclinons devant le cercueil de Frédéric Soulié.

« Vous n'attendez pas de moi, messieurs, la longue nomenclature des œuvres constamment applaudies de Frédéric Soulié. Permettez seulement que j'essaie de dégager à vos yeux en peu de paroles, et d'évoquer pour ainsi dire de ce cercueil ce qu'on pourrait appeler la figure morale de ce remarquable écrivain.

« Dans ses drames, dans ses romans, dans ses poëmes, Frédéric Soulié a toujours été l'esprit sérieux qui tend vers une idée et qui s'est donné une mission. En cette grande époque littéraire où le génie, chose qu'on n'avait point vue encore, disons-le à l'honneur de notre temps, ne se sépare jamais de l'indépendance, Frédéric Soulié était de ceux qui ne se courbent que pour prêter l'oreille à leur conscience et qui honorent le talent par la dignité. Il était de ces hommes qui ne veulent rien devoir qu'à leur travail, qui font de la pensée un instrument d'honnêteté et du théâtre un lieu d'enseignement, qui respectent la poésie et le peuple en même temps, qui pourtant ont de l'audace, mais qui acceptent pleinement la responsabilité de leur audace, car ils n'oublient jamais qu'il y a du magistrat dans l'écrivain et du prêtre dans le poëte.

« Voulant travailler beaucoup, il travaillait vite, comme s'il sentait qu'il devait s'en aller de bonne heure. Son talent, c'était son âme, toujours pleine de la meilleure et de la plus saine énergie; de là lui venait cette force qui se résolvait en vigueur pour les penseurs et en puissance pour la foule. Il vivait par le cœur; c'est par là aussi qu'il est mort. Mais ne le plaignons pas, il a été récompensé, récompensé par vingt triomphes, récompensé par une grande et aimable renommée qui n'irritait personne et qui plaisait à tous. Cher à ceux qui le voyaient tous les jours et à ceux qui ne l'avaient jamais vu, il était aimé et il était populaire, ce qui est encore une des plus douces manières d'être aimé. Cette popularité, il la méritait, car il avait toujours présent à l'esprit ce double but, qui contient tout ce qu'il y a de noble dans l'égoïsme et tout ce qu'il y a de vrai dans le dévouement : être libre et être utile.

« Il est mort comme un sage qui croit parce qu'il pense, il est mort doucement, dignement, avec le candide sourire d'un jeune homme, avec la gravité bienveillante d'un vieillard. Sans doute il a dû regretter d'être contraint de quitter l'œuvre de civilisation que les écrivains de ce siècle font tous ensemble et de partir avant l'heure solennelle, et prochaine peut-être, qui appellera toutes les probités et toutes les intelligences au saint travail de l'avenir. Certes, il était propre à ce glorieux travail, lui qui avait dans le cœur tant de compassion et tant d'enthousiasme, et qui se tournait sans cesse vers le peuple, parce que là sont toutes les misères, parce que là aussi sont toutes les grandeurs. Ses amis le savent, ses ouvrages l'attestent, ses succès le prouvent ; toute sa vie, Frédéric Soulié a eu les yeux fixés dans une étude sévère sur les clartés de l'intelligence, sur les grandes vérités politiques, sur les grands mystères sociaux. Il vient d'interrompre sa contemplation ; il est allé la reprendre ailleurs. Il est allé trouver d'autres clartés, d'autres vérités, d'autres mystères, dans l'ombre profonde de la mort !

« Un dernier mot, messieurs. Que cette foule qui nous entoure et qui veut bien m'écouter avec tant de religieuse attention, que ce peuple généreux, laborieux et pensif, qui ne fait défaut à aucune de ces solennités douloureuses, et qui suit les funérailles de ses écrivains comme on suit le convoi d'un ami ; que ce peuple si intelligent et si sérieux le sache bien, quand les philosophes, quand les écrivains, quand les poëtes viennent apporter ici, à ce commun abîme de tous les hommes, un des leurs, ils viennent sans trouble, sans ombres, sans inquiétude, pleins d'une foi inexprimable dans cette autre vie sans laquelle celle-ci ne serait digne ni du Dieu qui la donne, ni de l'homme qui la reçoit ! Les penseurs ne se défient pas de Dieu ! ils regardent avec tranquillité, avec sérénité, quelques-uns avec joie, cette fosse qui n'a pas de fond ; ils

savent que le corps y trouve une prison, mais que l'âme
y trouve des ailes!

« Oh! les nobles âmes de nos morts regrettés, ces âmes
qui, comme celle dont nous pleurons en ce moment le dé-
part, n'ont cherché dans ce monde qu'un but, n'ont eu
qu'une aspiration, n'ont voulu qu'une récompense à leurs
travaux, la lumière et la liberté. Non! elles ne tombent
pas ici dans un piége! Non! la mort n'est pas un mensonge! Non! elles ne rencontrent pas dans ces ténèbres
cette captivité effroyable, cette affreuse chaîne qu'on ap-
pelle le néant! Elles y continuent, dans un rayonnement
plus magnifique, leur vol sublime et leur destinée immortelle. Elles étaient libres dans la poésie, dans l'art, dans
l'intelligence, dans la pensée; elles sont libres dans le
tombeau! »

DISCOURS DE M. PAUL LACROIX

AU NOM DE LA SOCIÉTÉ DES GENS DE LETTRES.

« Le comité de la Société des gens de lettres, pour donner plus d'éclat à ses regrets, plus de solennité à cette
triste cérémonie, plus de signification peut-être au dernier hommage qu'il rend aujourd'hui à la mémoire d'un
de nos plus illustres confrères; le comité avait espéré que
son président pourrait être ici son interprète. M. le comte
de Salvandy, absent de Paris, se trouve empêché de
remplir une honorable et douloureuse mission qu'il eût
acceptée comme un devoir; elle lui aurait permis de vous
faire entendre quelques-unes de ces généreuses, de ces
consolantes paroles qui lui sont familières, et que n'eus-
sent pas manqué de lui inspirer une mort si prématurée,

4

hélas! une vie si pleine d'œuvres à la fois brillantes et durables.

« Au lieu de la voix imposante que nous attendions, après la voix du grand poëte qui a frappé si vivement vos esprits et qui vibre encore dans vos cœurs, la mienne ne saurait être que timide et faible, mais elle sera soutenue, du moins, par la vieille amitié que je portais à notre regretté confrère, par la haute estime que j'accordais à son caractère, par la sympathie, par l'admiration qu'éveillent en moi ses ouvrages; enfin, par la conscience que j'ai, que vous avez tous, messieurs, de la supériorité de cette époque littéraire dans laquelle Frédéric Soulié a mérité une si belle place.

« C'est avec un amer sentiment de douleur qu'on voit un écrivain célèbre mourir à quarante-sept ans, dans la force de l'âge, dans la puissance du talent. N'est-ce pas le talent, n'est-ce pas le travail qui ont tué Frédéric Soulié? Telle est la destinée des gens de lettres de notre temps : le public, ce Mécène insatiable, leur demande sans cesse des œuvres nouvelles, plus fortes, plus originales que les précédentes; à cette condition seule il n'oublie pas ses favoris; de là, pour ceux-ci, les jours sans repos, les nuits sans sommeil; de là cette fournaise ardente de la pensée qui consume le corps; de là l'épuisement avant l'âge et la mort en pleine vie. Frédéric Soulié est tombé, comme tomberont beaucoup d'entre nous, messieurs, victime, martyr de ses œuvres. A quarante-sept ans, il laisse vingt drames et cent volumes de romans.

« Et pourtant, si Frédéric Soulié n'avait pas eu besoin de devoir à son imagination, à sa plume, l'indépendance de la fortune, il se fût plus tôt, pour ainsi dire, recueilli dans quelques vers tendrement rêvés, dans quelques

pièces de théâtre lentement conçues, lentement élaborées :
il était né poëte, il n'eût été que poëte; la poésie l'avait
passionné dès sa jeunesse, la poésie qui n'a pas cessé de
l'occuper jusqu'à son lit de mort. Oui, messieurs, s'il eût
été libre de suivre sa chère vocation, s'il avait pu vivre
autrement que par ses livres et par ses drames, ses ta-
lents de poëte, de dramaturge et de romancier, se fussent
concentrés en deux ou trois œuvres de génie, et il serait
encore parmi nous pour jouir longtemps de sa gloire,
pour l'accroître, sans doute, et pour la voir avec orgueil
s'élever entre les gloires de son siècle; car il est impossible que la France ne puisse pas reconnaître ce que l'Europe, ce que le monde intellectuel a reconnu par accla-
mation : la splendeur de notre littérature contemporaine.
Admirons le passé littéraire de la France, mais admirons
aussi le présent, qui deviendra immortel à son tour aux
yeux de l'avenir. Étrange préjugé! nous rapetissons nos
grands hommes tant que nous les possédons; il faut que
nous les ayons perdus pour que le temps et la distance
nous les montrent tels qu'ils sont, en les grandissant encore.

« Les œuvres de Frédéric Soulié ne périront pas. Ce
qui leur manque quelquefois, c'est la correction, la per-
fection de la forme; mais la création, l'invention de
l'œuvre, l'étude des caractères, l'agencement des scènes,
la combinaison des effets, ce sont là des qualités que Frédéric Soulié réunissait au plus haut degré, ce sont ces
qualités qui lui ont fait une réputation si populaire, si in-
contestée. Il prend son lecteur à l'ouverture du livre; il
s'empare de son spectateur à l'exposition du drame; il les
charme, il les captive; il les tient en suspens sous les
poignantes impressions de la pitié et de la terreur pendant cinq actes, dans l'espace de dix volumes, et il ne les

quitte au dénoûment que remplis d'émotions profondes
et ineffaçables. Dramaturge dans ses romans et romancier dans ses drames, il est toujours poëte, et l'on sent
dans ses écrits comme le souffle de son âme rêveuse et
mélancolique. On l'a comparé à Lévis, à Mathurin, ces
deux poëtes romanciers de l'Angleterre; mais Frédéric
Soulié était essentiellement Français par l'esprit, par cet
esprit qui est la langue universelle de notre pays à toutes
les époques, et qui, dans la nôtre, par malheur, trouve
plus de gens qui la parlent que de gens qui la compren-
nent.

« Honneur au poëte, au dramaturge, au romancier qui
a consacré toutes ses pensées, tous ses instants aux
lettres, qui s'est détourné des voies arides de l'ambition
pour n'avoir qu'une seule ambition, celle du succès littéraire, qui a servi les mœurs publiques par l'enseignement
du théâtre et de la littérature, qui a fait beaucoup pour
son temps, beaucoup pour son pays, et qui est mort à la
peine dans cette sainte croisade de la littérature ! Honneur
au littérateur qui, avec un talent bien digne d'exciter l'envie, n'a su se faire que des émules qui le regrettent et des
amis qui le pleurent !

« C'est un rare exemple à imiter, messieurs : du travail, un travail immense, infatigable; une âme sereine,
un excellent cœur, sans haine, sans jalousie, sans autre
passion que la passion des lettres, la plus noble, la plus
douce, la plus grande des passions.

« Ah ! si M. le comte de Salvandy, membre de l'Académie française, ministre de l'instruction publique, avait
pu prendre la parole comme membre de l'Académie française, il nous eût dit que Frédéric Soulié avait des droits
éclatants à être admis dans ce sénat littéraire; comme
ministre de l'instruction publique et des lettres, il eût,

au nom des lettres, au nom du pays, remercié Frédéric Soulié d'avoir contribué pour une si large part à l'illustration du siècle littéraire que nous avons le bonheur de voir rayonner autour de nous.

« Adieu ! mon cher camarade; même en prononçant cet adieu suprême, il me semble que tu demeures toujours avec nous, puisque nous conservons ton souvenir et tes beaux ouvrages ! »

DISCOURS DE M. ANTONY BÉRAUD.

« MESSIEURS,

« Ceci est le récit intime et simple d'intimes douleurs. Quel est celui d'entre vous, quelque jeune qu'il soit, qui n'ait pas déjà pleuré sur une tombe ? Rappelez-vous le père, la mère, le frère, l'ami que vous avez perdu, et vous comprendrez..., et vous pardonnerez à ces confidences de l'amitié.

« J'ai passé la dernière nuit près de ces restes sacrés que bientôt je ne devais plus revoir... J'ai prononcé la dernière prière et j'ai dit les derniers adieux en déposant un dernier baiser à ce noble front qui ne s'inspira jamais que de hautes et dignes pensées; à ces yeux qu'enflammaient de si magnifiques regards tout sentiment généreux, tout élan de dévouement, de courageuse amitié et de patriotisme; à cette bouche éloquente qui n'eut jamais que de bonnes et dignes paroles. Puis les serviteurs de la mort sont venus, et ils l'ont paré pour la tombe, et moi, je me suis retiré devant eux pour aller pleurer seul.... et pour me recueillir dans ma douleur.

« Messieurs, vous les frères, les amis de l'ami et du frère que j'ai perdu, vous, les nobles rivaux de l'écrivain dont s'honorait la patrie, vous n'attendez pas de moi une appréciation plus ou moins rapide des écrits qui illustreront sa mémoire, ni le récit des actes de sa vie passée. Vous les connaissez tous.... Les uns et les autres ont été exposés au grand jour,... et tous ont pu, je le dis avec orgueil, en supporter l'éclat. Sa vie d'homme et d'écrivain peut se résumer en un seul mot, qui, je le crois, est le plus bel éloge qu'on puisse faire et de l'écrivain et de l'homme : *Frédéric a résolu un problème presque insoluble jusqu'à lui :* du génie, des triomphes, et pas un ennemi.

« Permettez-moi de vous parler seulement des derniers instants de sa vie, alors que si près d'entrer dans l'éternel sommeil, il étala à nos yeux le plus noble et le plus imposant spectacle que l'homme puisse offrir à l'homme : celui d'une âme pure qui se ravive dans toute son éclatante lumière, qui semble rejeter loin d'elle tous les liens de la matière, d'une âme face à face avec son Dieu, empruntant d'en haut d'étonnantes paroles pour apprendre aux autres comment il faut mourir.

« Certes, après la lettre de mon digne et excellent Achille Collin, lettre qui est tout simplement un chef-d'œuvre de délicatesse et de sentiment, de cette poésie déchirante qui part du cœur, je pourrais me taire, et vous relire seulement ce touchant récit. — Mais j'ai aussi un devoir à remplir, et peut-être écouterez-vous avec l'intérêt de l'amitié fraternelle quelques autres détails sur cette mort si digne d'une belle vie. »

. . . .

Ici M. Béraud a raconté les détails des derniers moments de Frédéric Soulié, détails qui diffèrent peu de ceux donnés par M. Achille Collin.

« Alors commença, si je puis dire ainsi, continue M. Béraud, son agonie poétique, force miraculeuse qui se développait cinq minutes avant la mort, inconcevable puissance, récit presque incroyable, auquel vous voudrez bien croire cependant, car, j'en fais le serment, ceci est vrai, comme il est vrai que Frédéric était l'homme d'honneur par excellence.

« J'ai fait des vers tout à l'heure.... nous dit-il, voyons si je m'en souviens !... Et nous de nous écrier, ménageant chaque étincelle de ce foyer qui s'éteignait.... — Ami, de grâce, ne cherchez pas.... — Si, si.... Oh ! laissez-moi ce doux rappel.... Écrivez, Collin. Et alors d'une voix qui s'éteignait et se ravivait par intervalles, il chanta, le cygne superbe, dont les derniers accents allaient se perdre dans la tombe :

Louise, noble cœur, ange aux regards si doux,
Quand l'ange de la mort, presque vaincu par vous,
Oubliait de frapper sa victime expirante
Pour le pauvre martyr, vous l'image vivante
De tous célestes dons et de toutes vertus,
Que vous dire, âme d'or, ma sainte bienfaisante ?
Vous m'avez tenu lieu, sœur, de ma sœur absente,
    Mère, de ma mère qui n'est plus.

Je n'achèverai point mon pénible labeur !
Plus de récolte... hélas ! imprudent moissonneur,
Hâtant tous les travaux faits à ma forte taille,
Je jetais au grenier le froment et la paille,
De mon rude labeur nourrissant ma maison,
Sans m'informer comment s'écoulait la moisson !

Viens près de moi, Béraud... et vous, Massé, Collin !
Près de moi, près de moi... car voici bientôt l'heure !...

Voici qu'on me revêt de ma robe de lin ,
Pour entrer dignement dans.....

« Et sa voix s'arrêta, — et ses yeux, vitrés par le froid
de la mort, s'éteignirent lentement; deux grosses larmes
coulèrent, et les nôtres commencèrent aussi de couler pour
ne plus s'arrêter jamais. »

FIN.